škola - isikole	2
putovanje - ukuhamba	5
transport - izinto zokuhamba	8
grad - idolobha	10
krajolik - ingadi	14
restoran - isitolo sokudlela	17
supermarket - emakethe enkulu	20
napitci - iziphuzo	22
jelo - ukudla	23
seosko gazdinstvo - ifamu	27
kuća - indlu	31
dnevna soba - igumbi lokuhlala	33
kuhinja - ikhishi	35
kupaonica - igumbi lokugeza	38
dječija soba - igumbi lezingane	42
odjeća - izimpahla	44
ured - i-ofisi	49
gospodarstvo - umnotho	51
zanimanja - imisebenzi	53
alati - amathuluzi	56
glazbeni instrument - izinsimbi zomculo	57
zoološki vrt - esiqiwini	59
šport - imidlalo	62
aktivnosti - imisebenzi	63
obitelj - umndeni	67
tijelo - umzimba	68
bolnica - isibhedlela	72
hitni slučaj - izimo eziphuthumayo	76
zemlja - Umhlaba	77
sat - iwashi	79
tjedan - iviki	80
godina - unyaka	81
oblici - amasheyphu	83
boje - imibala	84
suprotnosti - izinto ezingafani	85
brojevi - izinombolo	88
jezici - izilimi	90
tko / što / kako - ubani / ini / kanjani	91
gdje - kuphi	92

Impressum
Verlag: BABADADA GmbH, Nedderfeld 112 , 22529 Hamburg
Geschäftsführer / Verlagsleitung: Harald Hof
Druck: Books on Demand GmbH, In de Tarpen 42, 22848 Norderstedt

Imprint
Publisher: BABADADA GmbH, Nedderfeld 112 , 22529 Hamburg, Germany
Managing Director / Publishing direction: Harald Hof
Print: Books on Demand GmbH, In de Tarpen 42, 22848 Norderstedt

škola
isikole

učionica
ikilasi

dijeliti
divayda

školsko dvorište
igceke lesikole

ploča
ibhodi

učitelj
uthisha

papir
iphepha

pisati
bhala

kemijska olovka
ipeni

pisaći stol
ideski

ravnalo
irula

učenik
umuntu

knjiga
incwadi

torba
isikhwama

pernica
isikwama sepeni

grafitna olovka
ipensela

šiljilo za olovke
umshini wokulola

gumica za brisanje
irabha

blok za crtanje
indawo yokudweba

2

škola - isikole

crtež
ukudweba

kist
ibrashi lokupenda

kutija s bojama
ibhokisi lokupenda

makaze
isikelo

ljepilo
inomfi

bilježnica
incwadi yesikole

domaći zadatak
umsebenzi wasekhaya

broj
inamba

sabirati
hlanganisa

oduzimati
susa

množiti
phindaphinda

računati
bala

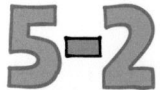
slovo
incwadi

abeceda
izinhlamvu zamagama

riječ
igama

škola - isikole

tekst
umbhalo

čitati
funda

kreda
ushoki

sat
isifundo

dnevnik
bhalisa

ispit
isivivinyo

svjedodžba
isitifiketi

školska uniforma
iyunifomu yesikole

obrazovanje
imfundo

leksikon
i-encyclopedia

sveučilište
inyuvesi

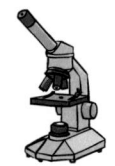

mikroskop
isibonakhulu

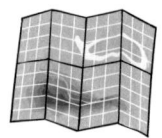

karta
ibalazwe

košara za papir
ibhaskidi yokulahla amaphepha

škola - isikole

putovanje
ukuhamba

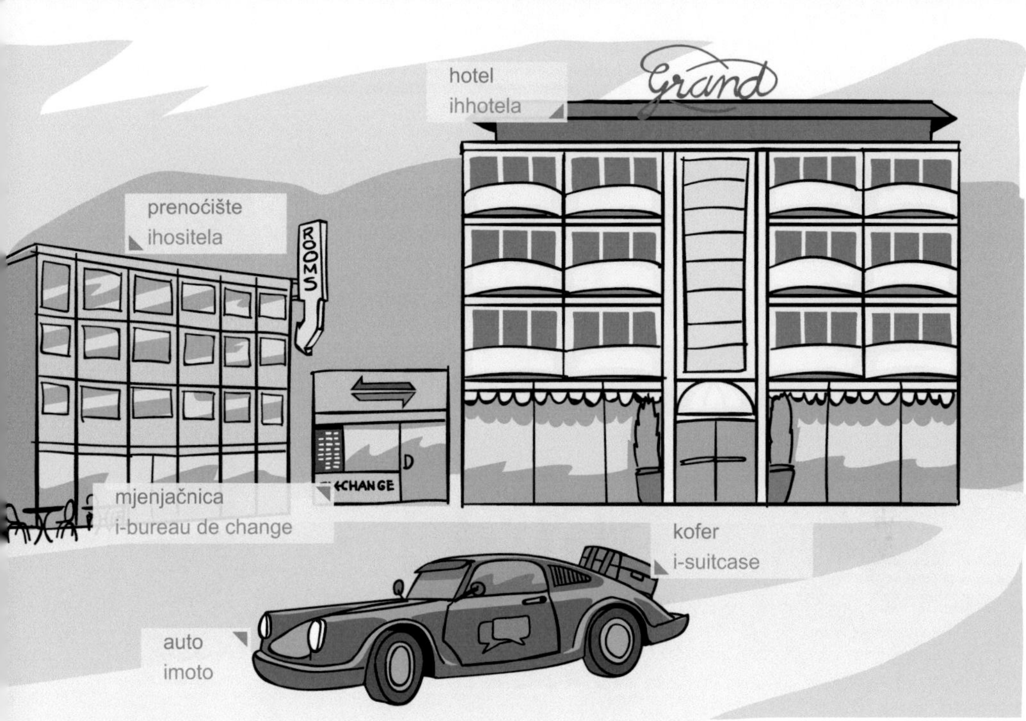

hotel
ihhotela
Grand
prenoćište
ihositela
ROOMS
mjenjačnica
i-bureau de change
kofer
i-suitcase
auto
imoto

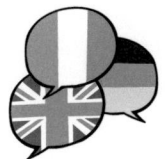

jezik

ulimi

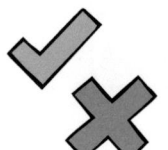

da / ne

yebo / cha

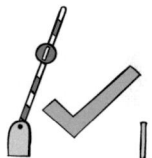

okay

kulungile

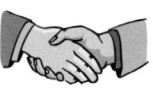

zdravo

sawubona

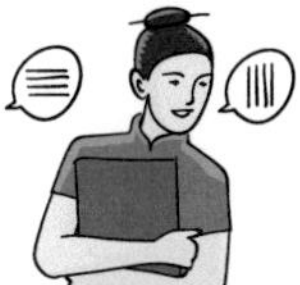

prevoditelj

umhumushi

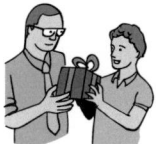

hvala

Ngiyabonga

Koliko košta...?
iyimalini i...?

ne razumijem
angiqondi

problem
inkinga

dobro veče!
Intambama enhle!

Dobro jutro!
Sawubona!

Laku noć!
Ulale kahle!

doviđenja
bye bye

smjer
isiqondiso

prtljaga
izikhwama

torba
isikhwama

ruksak
ubhakha

gost
isivakashi

soba
igumbi

vreća za spavanje
isikhwama sokulala

šator
ithende

putovanje - ukuhamba

turističke informacije
mininingwane yamathoristi

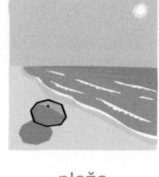
plaža
ulwandle

kreditna kartica
ikhadi lesikweletu

doručak
ukudla kwasekuseni

ručak
ukudla kwasemini

večera
ukudla kwasebusuku

karta za vožnju
ithikithi

dizalo
i-lift

poštanska markica
isitembu

granica
ibhoda

carina
amasiko

ambasada
inxusa

viza
ivisa

putovnica
iphasiphothi

putovanje - ukuhamba

transport
izinto zokuhamba

zrakoplov
indiza

brod
iskebhe

vatrogasno vozilo
injini yomlilo

autobus
ibhasi

teretno vozilo
iloli

motorni čamac
isikebhe senjini

biciklo
isithuthuthu

auto
imoto

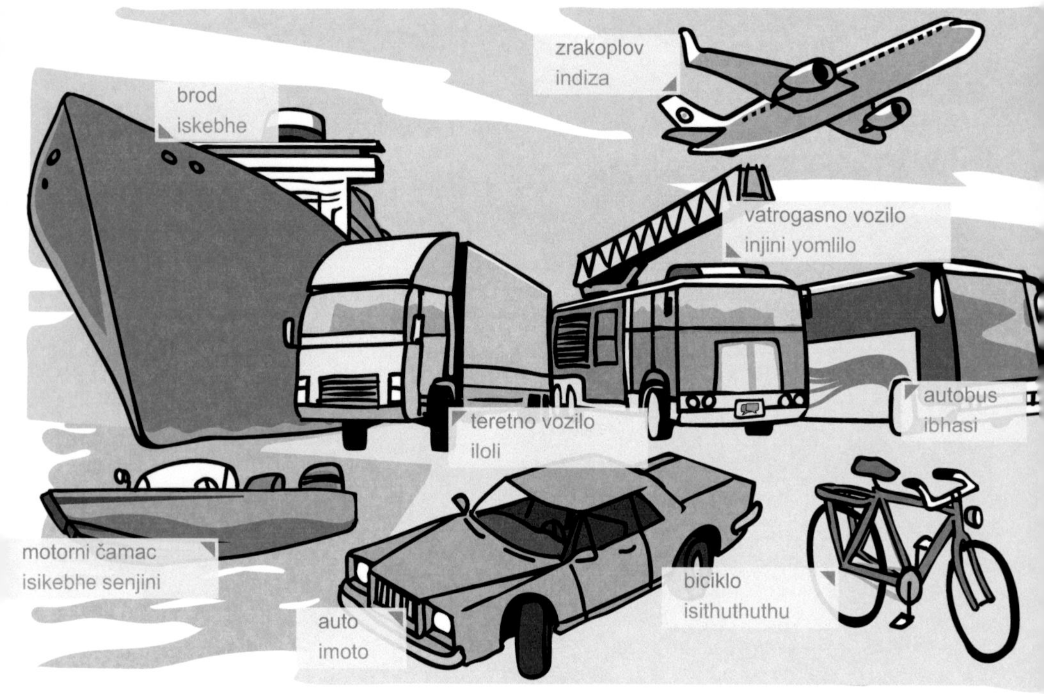

trajekt
isikebhe

čamac
isikebhe

motocikl
isithuthuthu

policijski auto
imoto yamaphoyisa

trkaći auto
imoto ejahayo

iznajmljeno auto
imoto eqashiwe

8   transport - izinto zokuhamba

dijeljenje automobila ukurenta imoto	vučno vozilo iloli eliphukile	vozilo za odvoz smeća ithrakhi

motor injini	benzin amafutha	benzinska postaja indawo yokuthela uphethiloli
	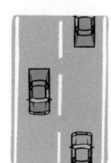	
prometni znak uphawu lwethrafikhi	promet ithrafikhi	zastoj ithrafikhi enkulu

parkiralište indawo yokupaka izimoto	kolodvor isitashi sesitimela	šine amaloli
	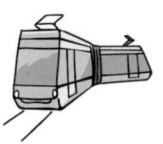	
vlak isitimela	tramvaj ithilamu	vagon inqola

transport - izinto zokuhamba

helikopter
ihelikhoptha

zrakoplovna luka
isikhungo sezindiza

toranj
umphongolo

putnik
iphasenja

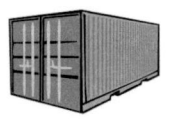
kontejner
ikhonteyna

karton
ikhathoni

kolica
inqola

košara
ubhasikidi

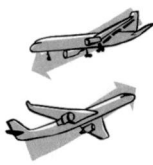
uzletjeti / sletjeti
ukusuka / ukwehla

grad
idolobha

selo
isigodi

centar grada
i-city centre

kuća
indlu

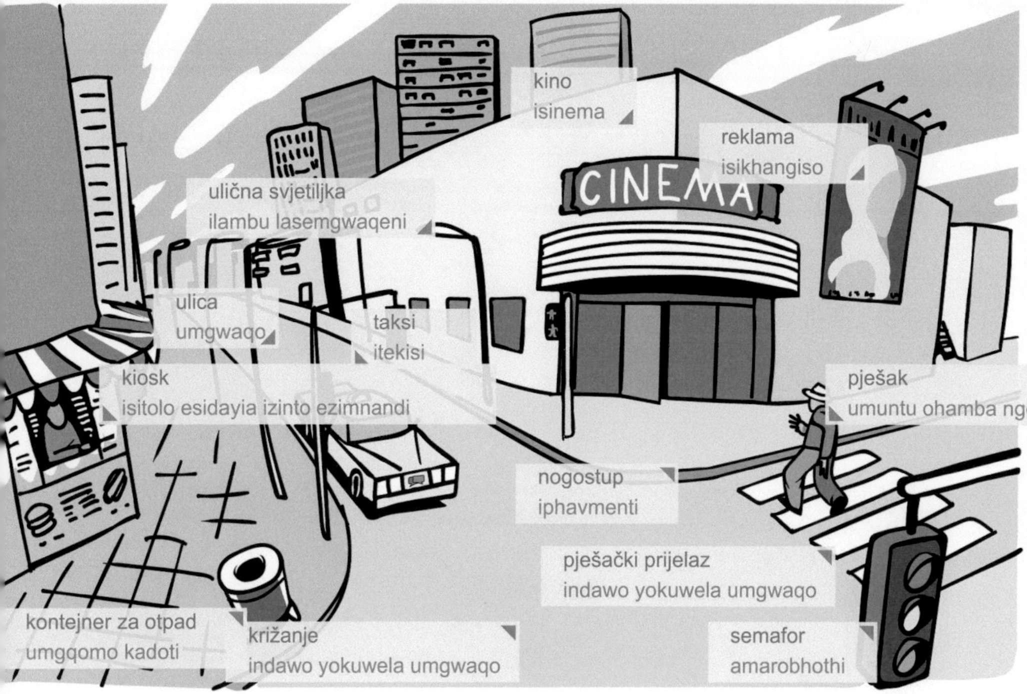

kino
isinema

reklama
isikhangiso

ulična svjetiljka
ilambu lasemgwaqeni

ulica
umgwaqo

taksi
itekisi

kiosk
isitolo esidayia izinto ezimnandi

pješak
umuntu ohamba nge

nogostup
iphavmenti

pješački prijelaz
indawo yokuwela umgwaqo

kontejner za otpad
umgqomo kadoti

križanje
indawo yokuwela umgwaqo

semafor
amarobhothi

koliba
indlu yodaka

stan
i-flat

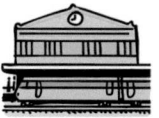

kolodvor
isitashi sesitimela

vijećnica
i-town hall

muzej
imuzilemu

škola
isikole

grad - idolobha

sveučilište

inyuvesi

banka

ibhange

bolnica

isibhedlela

hotel

ihhotela

ljekarna

ikhemisi

ured

i-ofisi

knjižara

isitolo sezincwadi

prodavaonica

esitolo

cvjećara

istolo sezimbali

supermarket

emakethe enkulu

trg

imakethe

robna kuća

isitolo somnyango

ribarnica

i-fishmonger's

trgovački centar

isikhungo sezitolo

luka

isikhungo semikhumbi

grad - idolobha

park

ipaki

klupa

ibhentshi

most

ibhuloho

stepenice

izitezi

podzemna željeznica

ngaphansi komhlaba

tunel

umhubhe

autobusna stanica

istobhu sebhasi

bar

i-bar

restoran

isitolo sokudlela

poštansko sanduče

eposini

ulični znak

uphawu lwasemgwaqeni

parkirni sat

umshini wokukhokhela ukupaka

zoološki vrt

esiqiwini

bazen

indawo yokubhukuda

džamija

i-mosque

seosko gazdinstvo
ifamu

zagađenje okoliša
ukungcola

groblje
amagcwaba

crkva
isonto

igralište
igrawundi lokudlala

hram
ithempeli

krajolik
ingadi

list
icembe

putokaz
mpambano mgwaqo

put
indlela

livada
idlelo

kamen
itshe

drvo
isihlahla

šetač
umqwali wezintaba

rijeka
umfula

trava
utshani

cvijet
imbali

dolina
isigodi

planina
intaba

jezero
ichibi

šuma
ihlathi

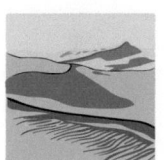
pustinja
ogwadule

vulkan
intaba mlilo

dvorac
isigodlo

duga
uthingo

gljiva
ikhowe

palma
isihlahla sesundu

moskito
umiyane

muha
ukundiza

mrav
intuthwane

pčela
inyosi

pauk
isicabucabu

krajolik - ingadi

buba
ibhungane

žaba
ixoxo

vjeverica
i-squirrel

jež
i-hedgehog

zec
unogwaja

sova
isikhova

ptica
izinyoni

labud
idada

divlja svinja
intibane

jelen
inyamazane

los
i-moose

nasip
idamu

vjetrenjača
i-wind turbine

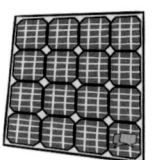

solarna ploča
i-solar panel

klima
isimo sezulu

restoran
isitolo sokudlela

konobar / uweyita
jelovnik / imenu
stolica / isihlalo
supa / isobho
pica / i-pizza
pribor za jelo / ikhathilari
stolnjak / indwangu yasetafuleni

predjelo
ukudla okulula

glavno jelo
isidlo

desert
idizethi

napitci
iziphuzo

jelo
ukudla

boca
ibhodlela

restoran - isitolo sokudlela

fastfood
ukudla okulula

imbis hrana
ukudla okudayiswa emgwaqeni

čajnik
ithiphothi

doza za šećer
isitsha sikashukela

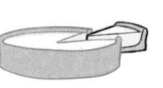
porcija
ingxenye

aparat za espresso
umshini we-ekspreso

visoka stolica
isitulo esiphezulu

račun
izindleko

pladanj
ithreyi

nož
ummese

vilica
imfologo

žlica
ispuni

čajna žlica
ithispuni

ubrus
indawo yokusula umlomo

čaša
igilasi

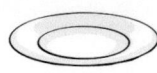

tanjur
ipuleti

tanjur za supu
ipuleti lesobho

tanjurić
isoso

sos
isosi

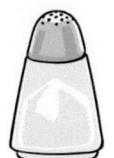

soljenka
isitsha sasawoti

mlin za biber
isitsha sephepha

ocat
uviniga

ulje
amafutha

začini
izinongo

kečap
isosi yetamatisi

senf
isosi yesinaphi

majoneza
imayonesi

supermarket
emakethe enkulu

- ponuda / amanani akhethekile
- kupac / ikhasimende
- mliječni proizvodi / ukudla okwenziwe ngobisi
- voće / isithelo
- kolica za kupnju / ithroli

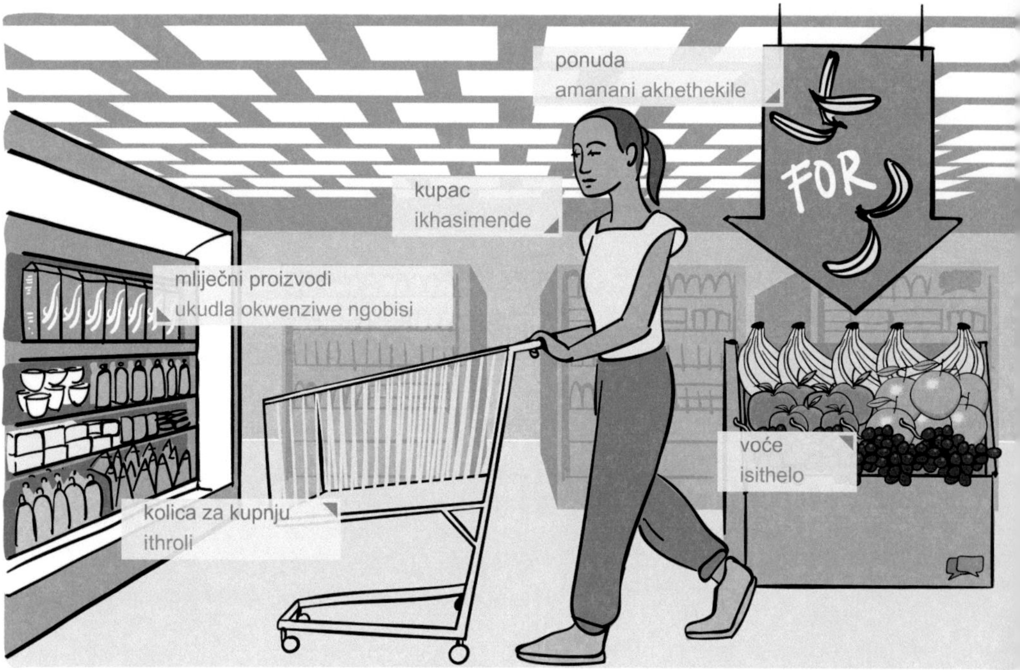

mesnica
ebhusha

pekarnica
isitolo esidayisa isinkwa

vagati
kala

povrće
amaveji

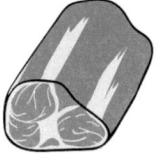

meso
inyama

duboko smrznuta hrana
ukudla okubandayo

20   supermarket - emakethe enkulu

narezak	konzerve	sredstvo za pranje
inyama ebandayo	ukudla okusethinini	insipho yokuwasha enguphawuda

slatkiši	artikli za domaćinstvo	sredstva za čišćenje
oswidi	izinto zasendlini	izinto zokuhlanza

prodavačica	blagajna	blagajnik
umuntu odayisayo	ithili	umbali wemali

lista za kupnju	vrijeme rada	novčanik
izinto okumelwe zithengwe	amahora okuvula	uwolethi

kreditna kartica	torba	plastična vrećica
ikhadi lesikweletu	isikhwama	isikwama sepulastiki

supermarket - emakethe enkulu

napitci
iziphuzo

voda
amanzi

sok
ijusi

mlijeko
ubisi

cola
i-coke

vino
iwayini

pivo
ubhiya

alkohol
utshwala

kakao
i-cocoa

čaj
itiye

kava
ikhofi

espresso
i-ekspreso

cappuccino
ikhaphachino

jelo
ukudla

banana
ubhanana

jabuka
i-apula

naranča
i-olintshi

lubenica
ikhabe

limun
ulamula

mrkva
ukherothi

češnjak
ugaligi

bambus
umhlanga

luk
u-anyanisi

gljiva
ikhowe

orašasti plodovi
amakinati

rezanci
ama-noodle

špagete
isipagethi

riža
iraysi

salata
isaladi

pomfrit
ama-chips

pečeni krumpir
amazambane athosiwe

pica
i-pizza

hamburger
ibhega

sendvič
isendiwichi

šnicla
inyama engenathambo

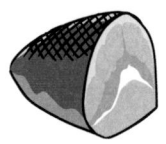

pršut
ham

salama
salami

kobasica
isoseji

kokoš
inkukhu

pečenje
yosiwe

riba
inhlanzi

zobene pahuljice	musli	kukuruzne pahuljice
iphalishi le-oats	i-muesli	ama-cornflakes

brašno	roščić	pecivo
uflulawa	i-croissant	isinkwa esiyiroli

kruh	toast	keksi
isinkwa	i-toast	amabhiskidi

maslac	svježi sir	kolač
ibhotela	i-curd	ikhekhe

jaje	jaje na oko	sir
iqanda	iqanda elithosiwe	ushizi

sladoled
i-ice cream

šećer
ushukela

med
uju

marmelada
ujamu

nugat krema
ispredi sikashokholedi

curry
isitshulu

seosko gazdinstvo
ifamu

seoska kuća
indlu yasemafamu

sjenik
i-barn

bale sijena
utshani obomile

polje
igceke

konj
ihhashi

prikolica
i-trailer

ždrijebe
i-foal

traktor
ugandaganda

magarac
imbongolo

ovca
imvu

lane
imvu esencane

koza
imbuzi

krava
inkomo

tele
ithole

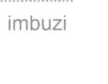

svinja
ingulube

prase
ingulube esencane

bik
inkunzi

guska	patka	pilići
ihansi	idada	ichwane

kokoš	pijetao	pacov
isikhukhukazi	iqhude	igundwane

mačka	miš	vol
ikati	igundwane	inkabi

pas	kućica za psa	vrtno crijevo
inja	indlu yenja	ipayipi lokunisela

kanta za polijevanje	kosa	plug
ikani lokunisela	ucelemba	igeja

seosko gazdinstvo - ifamu

srp
isikela

motika
ukhuba

vilica za gnojivo
imfoloko

sjekira
imbazo

tačke
ibhala

korito
umkhombe

posuda za mlijeko
ubusi olusekanini

vreća
isaka

ograda
ifensi

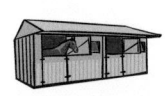

štala
esitebhilini

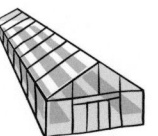

staklenik
i-greenhouse

zemlja
inhlabathi

sjeme
imbewu

gnojivo
umanyolo

kombajn
ukuvuna okuhlanganisiwe

žanjati	žetva	yams začin
vuna	isivuno	ama-yam

pšenica	soja	krumpir
ukolweni	umbhontshisi	amazambane

kukuruz	uljana repica	voćka
ummbila	i-rapeseed	isihlahla sezithelo

gomolj manioke	žitarice	
umdumbula	amasiriyeli	

kuća
indlu

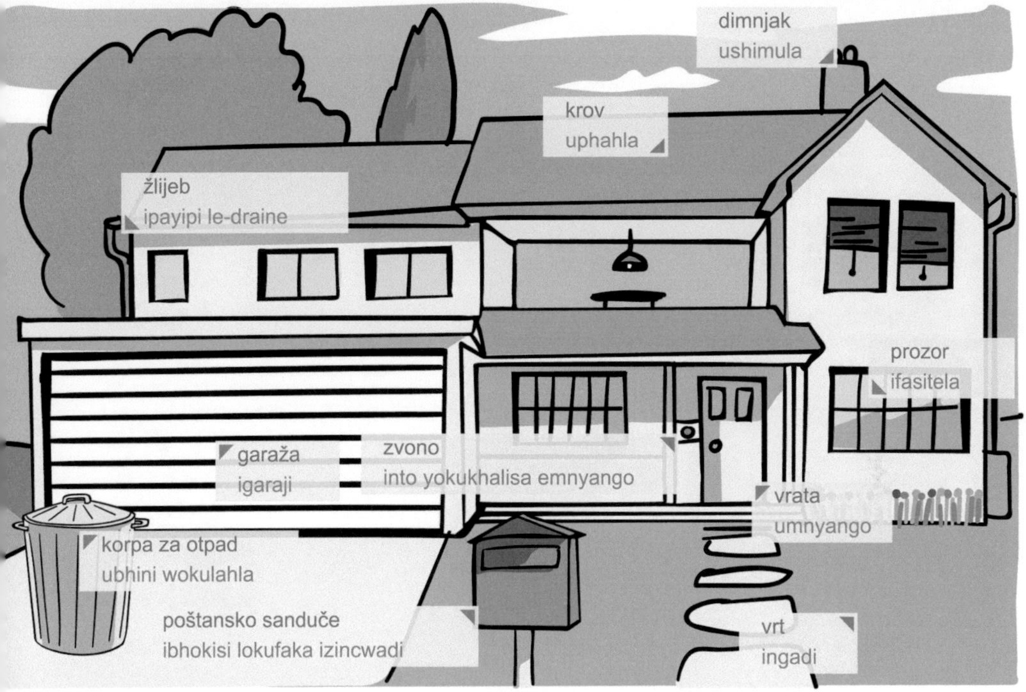

- dimnjak / ushimula
- krov / uphahla
- žlijeb / ipayipi le-draine
- prozor / ifasitela
- garaža / igaraji
- zvono / into yokukhalisa emnyango
- vrata / umnyango
- korpa za otpad / ubhini wokulahla
- poštansko sanduče / ibhokisi lokufaka izincwadi
- vrt / ingadi

dnevna soba
igumbi lokuhlala

kupaonica
igumbi lokugeza

kuhinja
ikhishi

spavaća soba
igumbi lokulala

dječija soba
igumbi lezingane

trpezarija
igumbi lokudlela

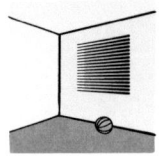
pod
phansi

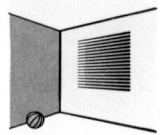
zid
udonga

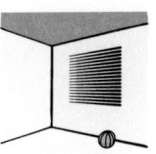
strop
usilingi

podrum
i-cella

sauna
i-sauna

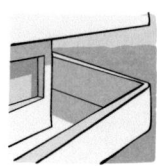
balkon
ibhalconi

terasa
i-terrace

bazen
iphuli

kosilica za travu
umshin wokugunda utshani

posteljina za krevet
ishidi

deka za krevet
ingubo yokulala

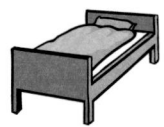
krevet
umbhede

metla
umshanelo

kanta
ibhakede

sklopka
i-switch

dnevna soba
igumbi lokuhlala

- tapeta / i-wallpaper
- slika / isithombe
- svjetiljka / ilambu
- regal / ishalofu
- ormar / ibhodi lenkomishi
- kamin / indawo yomlilo
- televizija / umabonakude
- cvijet / imbali
- jastuk / ikhushini
- vaza / ivasi
- kauč / usofa
- daljinski upravljač / i-remote control

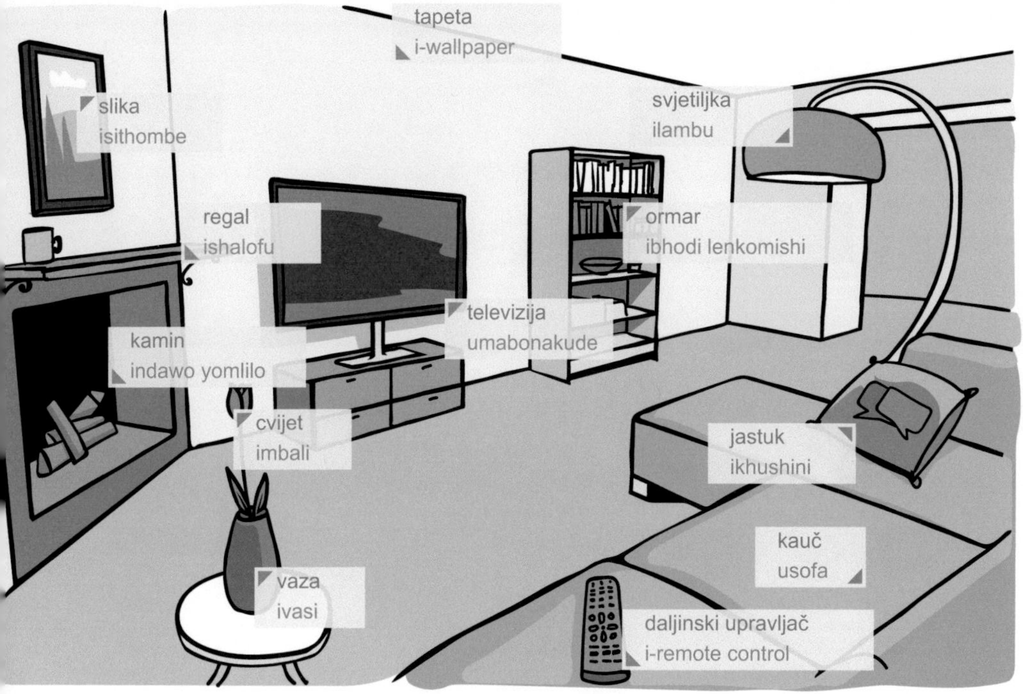

tepih
ukhaphethe

zavjesa
ikhethini

stol
itafula

stolica
isihlalo

stolica za njihanje
isihlalo esinyakazayo

fotelja
isihlalo esingangengalo

dnevna soba - igumbi lokuhlala

knjiga
incwadi

deka
ingubo

dekoracija
ukuhlobisa

drvo za ogrjev
izinkuni zokubasa

film
ifilimu

stereo uređaj
izinto ze-hi-fi

ključ
ukhiye

novine
iphephandaba

slika na platnu
ukupenda

poster
iphosta

radio
umsakazo

blok za pisanje
i-notepad

usisavač
ihuva

kaktus
i-cactus

svijeća
ikhandlela

34 dnevna soba - igumbi lokuhlala

kuhinja
ikhishi

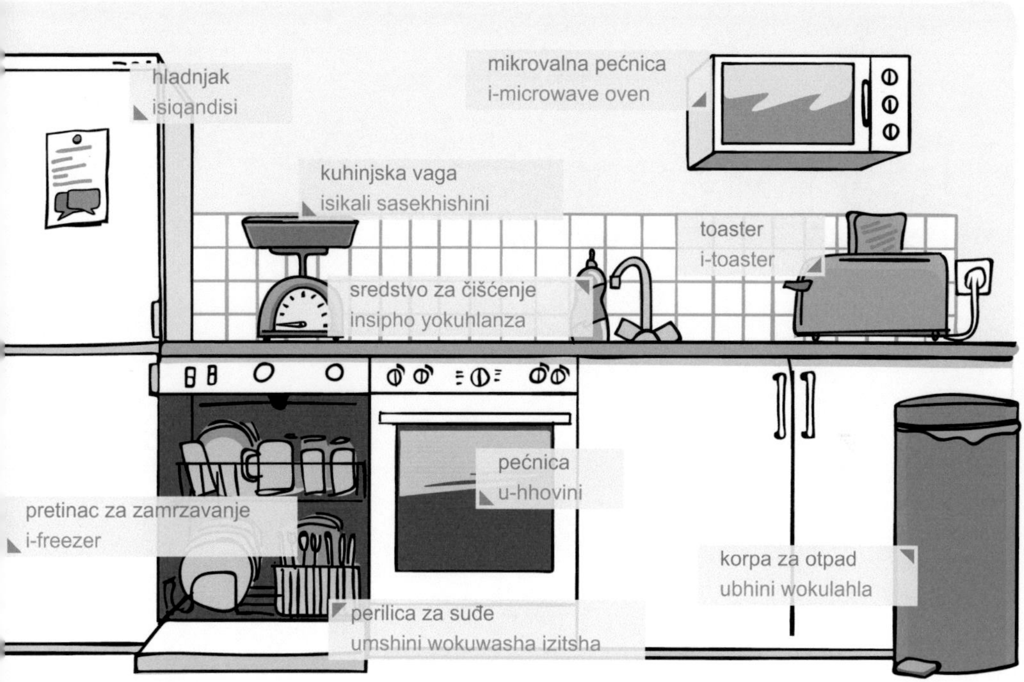

- hladnjak / isiqandisi
- mikrovalna pećnica / i-microwave oven
- kuhinjska vaga / isikali sasekhishini
- toaster / i-toaster
- sredstvo za čišćenje / insipho yokuhlanza
- pećnica / u-hhovini
- pretinac za zamrzavanje / i-freezer
- korpa za otpad / ubhini wokulahla
- perilica za suđe / umshini wokuwasha izitsha

štednjak
umshini wokupheka

lonac
ibhodwe

željezni lonac
ibhodwe le-cast iron

wok / kadai
i-wok / kadai

tava
ipani

kuhalo za vodu
iketela

kuhalo na paru
i-steamer

lim za pečenje
ithreyi lokubhaka

posuđe
izitsha zokudla

čaša
imaki

zdjela
isitsha

štapići za jelo
izinti zendwangu

kutljača
isixembe sokuphaka

lopatica
ispathula

pjenjača
i-whisk

sito za kuhanje
i-strainer

sito
isisefo

ribež
igretha

mužar
isitsha sodaka

roštilj
i-barbecue

ognjište
umlilo

daska
ibhodi lokuqoba

oklagija
ipini lokurola

vadičep
iskrew

konzerva
ikani

otvarač konzervi
into yokuvula ikani

krpa za lonac
indwangu yokubamba ibhodwe

sudoper
usinki

četka
i-brush

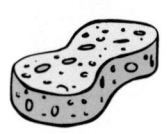

spužva
isiponji

mikser
ibhlenda

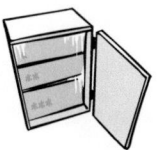

zamrzivač
i-deep freezer

bočica za bebe
ibhodlela lengane

slavina za vodu
umpompi

kuhinja - ikhishi

kupaonica
igumbi lokugeza

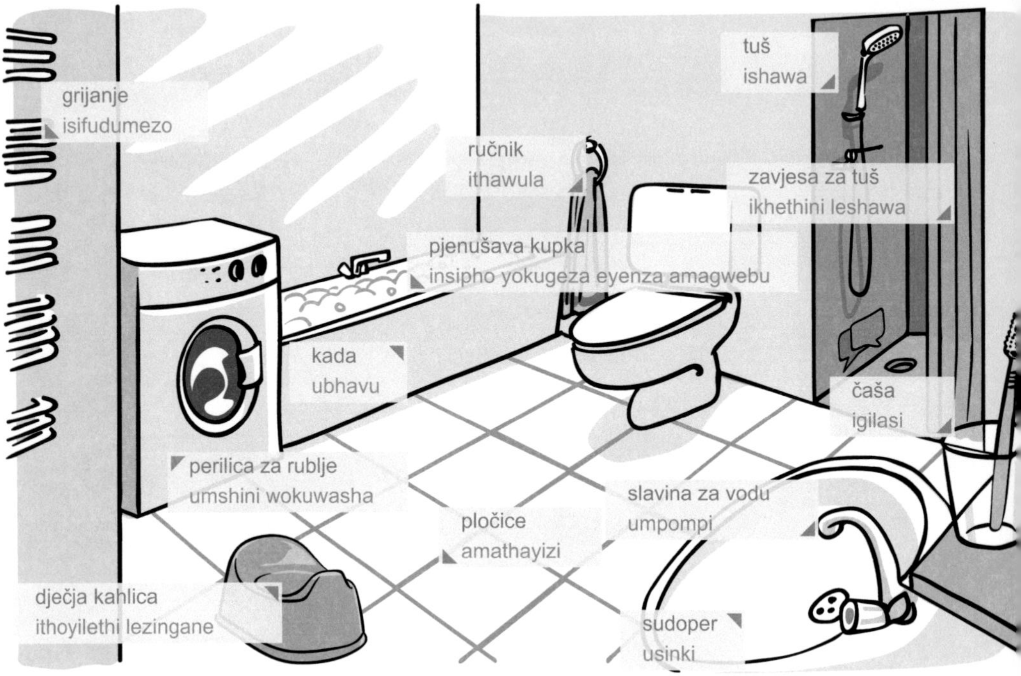

- tuš — ishawa
- grijanje — isifudumezo
- ručnik — ithawula
- zavjesa za tuš — ikhethini leshawa
- pjenušava kupka — insipho yokugeza eyenza amagwebu
- kada — ubhavu
- čaša — igilasi
- perilica za rublje — umshini wokuwasha
- slavina za vodu — umpompi
- pločice — amathayizi
- dječja kahlica — ithoyilethi lezingane
- sudoper — usinki

toalet
ithoyilethi

čučavac
ithoyilethi oqoshama kuyo

bidet
ithoyilethi le-bidet

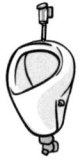

pisoar
ithoyilethi lokuchama labesilisa

papir za toalet
iphepha lasethoyilethi

četka za toalet
ibhrashi lasethoyilethi

četkica za zube
ibhrashi lamazinyo

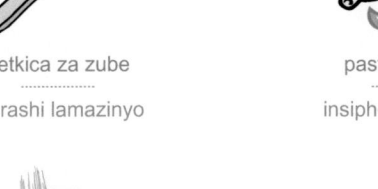
pasta za zube
insipho yamazinyo

konac za zube
into yokuvungula

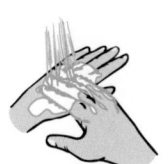
prati
washa

tuš ručica
ishawa ebanjwa ngesandla

tuš za pranje intimnih dijelova
uchatho

lavor
u-basini

četka za pranje leđa
ibrashi lomhlane

sapun
insipho

gel za tuširanje
ijeli yeshawa

šampon
ishampu

krpa za pranje
ishethi lesikoshi

odvod
i-drain

krema
ukhilimu

dezodorans
into yokugcoba amakhwapha

kupaonica - igumbi lokugeza

ogledalo
isibuko

kozmetičko ogledalo
isibuko esiphathwa ngesandla

brijač
ireyza

pjena za brijanje
igwebu lokushefa

losion za poslije brijanja
umuthi ogcotshwa ngemva kokushefa

češalj
ikama

četka
ibhrashi

sušilo za kosu
into yokomisa izinwele

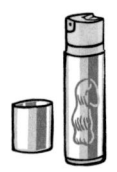
sprej za kosu
ispreyi sezinwele

makeup
i-makeup

ruž za usne
into yokugcoba umlomo

lak za nokte
into yokususa upende wezinzipho

vata
uwuli kakotini

škare za nokte
isikelo sezinzipho

parfem
isigqolo

40 kupaonica - igumbi lokugeza

neseser
isikhwama sezinto zokugeza

stolica
isitulo

vaga
isikali

ogrtač
ingubo yokugeza

rukavice za čišćenje
amagilavu erabha

tampon
ithemponi

uložak
iphedi yasesikhathini

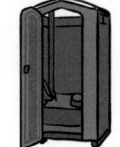

kemijski toalet
ithoyilethi lekhemikhali

kupaonica - igumbi lokugeza

dječija soba
igumbi lezingane

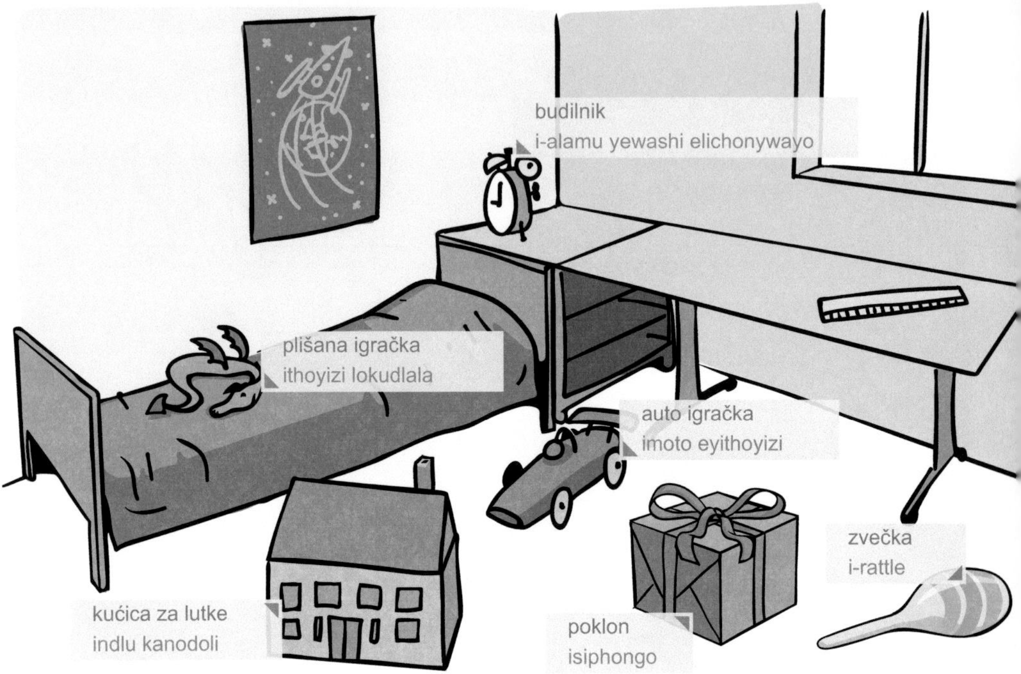

budilnik
i-alamu yewashi elichonywayo
plišana igračka
ithoyizi lokudlala
auto igračka
imoto eyithoyizi
zvečka
i-rattle
kućica za lutke
indlu kanodoli
poklon
isiphongo

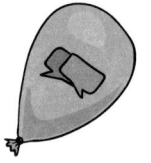

balon

ibhaluni

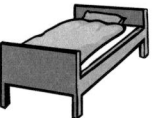

krevet

umbhede

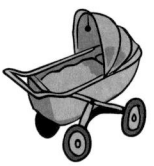

dječija kolica

iphremu

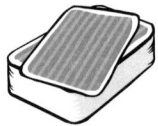

igra s kartama

amakhadi

slagalica

i-jigsaw

SUPER
MEGA

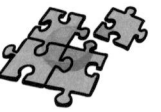

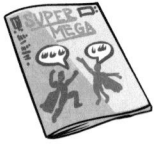

strip

indaba edwetshiwe

lego kockice
amabrick elego

kockice za slaganje
amabhuloksi okwakha

akcioni junak
unodoli weqhawe

kombinezon za bebe
izimpahla zezingane

frizbi
i-frisbee

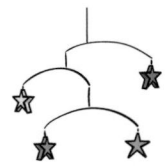

viseće igračke
amathoyizi ezingane alengayo

društvene igre
ibhodi lokudlala igemu

kocka
idayisi

minijaturna željeznica
isethi yesitimela

duda
idemu

tulum
iphathi

slikovnica
incwadi yezithombe

lopta
ibhola

lutka
unodoli

igrati
dlala

dječija soba - igumbi lezingane

pješčanik
umgodi wenhlabathi

ljuljačka
uzwinki

igračka
amathoyizi

konzola za igre
umshini wamavidiyo geymu

tricikl
ibhayisikili elinemasondo amathathu

plišani medo
uthedibhe

ormar
u-wardrobe

odjeća
izimpahla

kratke čarape
amasokisi

čarape
amastokhingi

hulahopke
amathayithi

44 odjeća - izimpahla

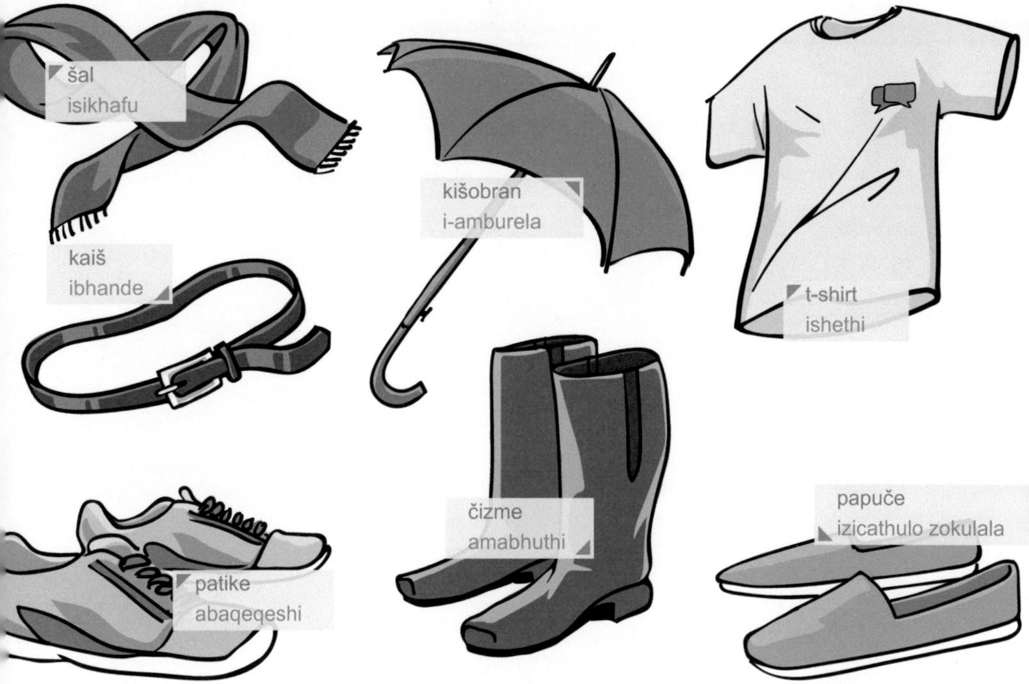

šal
isikhafu

kišobran
i-amburela

kaiš
ibhande

t-shirt
ishethi

čizme
amabhuthi

papuče
izicathulo zokulala

patike
abaqeqeshi

sandale	cipele	gumene čizme
amasandali	izicathulo	amabhuthi erabha
gaćice	grudnjak	potkošulja
iphenti	u-bra	ivesti

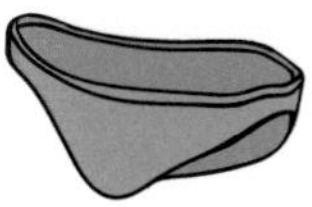

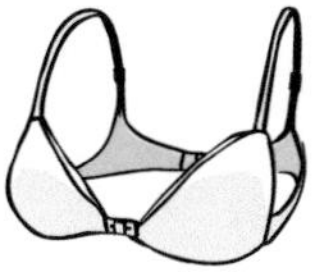

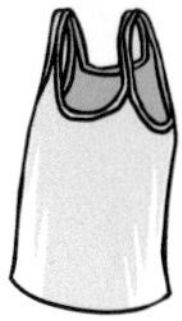

odjeća - izimpahla

bodi
umzimba

hlače
amabhulukwe

džins
amajini

haljina
isiketi

bluza
isikibha

košulja
ishethi

džemper
ijezi elinezigqoko

pulover s kapuljačom
i-hoodie

blejzer
ibhuleyiza

jakna
ijakhethi

kaput
ijazi

kabanica
i-raincoat

kostim
ikhosyumu

haljina
ingubo

vjenčanica
ingubo yomshado

odjeća - izimpahla

odijelo
isudu

spavaćica
ingubo yokulala

pidžama
amaphijama

sari
ingubo yesari

rubac
isikhafu

turban
isigqoko se-turban

burka
ibhukha

kaftan
ingubo yekaftani

abaja
abaya

kupaći kostim
impahla yokubhukuda

kupaće gaćice
amathranki

kratke hlače
isikhindi

odjeća za trening
i-tracksuit

pregača
ingubo yokupheka

rukavice
amagilavu

odjeća – izimpahla

gumb
ibhathini

naočale
izibuko

narukvica
ibhengela

ogrlica
umgexo

prsten
indandatho

naušnica
amacici

kapa
ikepisi

vješalica
into yokuhenga ijazi

šešir
isigqoko

kravata
uthayi

patent zatvarač
uziphu

kaciga
ihelmethi

naramenice
ama-braces

školska uniforma
iyunifomu yesikole

uniforma
iyunifomu

podbradak
ibhayi lengane

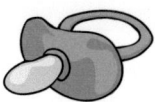
duda
idemu

pelena
inabukeni

ured
i-ofisi

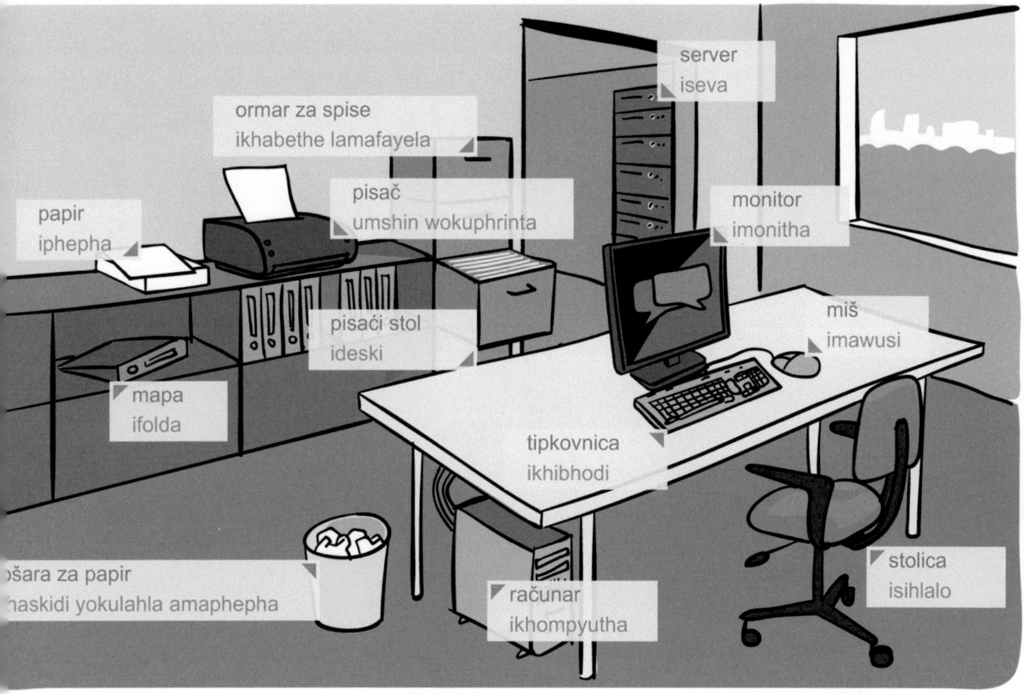

server
iseva

ormar za spise
ikhabethe lamafayela

pisač
umshin wokuphrinta

monitor
imonitha

papir
iphepha

pisaći stol
ideski

miš
imawusi

mapa
ifolda

tipkovnica
ikhibhodi

košara za papir
haskidi yokulahla amaphepha

stolica
isihlalo

računar
ikhompyutha

šalica za kavu
imagi yekhofi

kalkulator
ikhalkhuletha

internet
i-inthanethi

laptop
ilephuthophu

pismo
incwadi

poruka
umyalezo

mobilni telefon
ifoni

mreža
inethiwekhi

uređaj za kopiranje
ifothokhophi

softver
i-software

telefon
ucingo

utičnica
indawo yokupulaka

faks
umshini wokufeksa

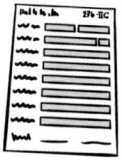
obrazac
ifomu

dokument
idokhumenti

gospodarstvo
umnotho

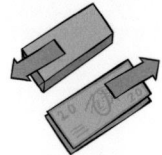

kupovati
thenga

platiti
khokha

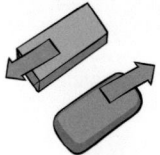

trgovati
shintshana

novac
imali

dolar
idola

euro
i-euro

jen
iyen

rubalj
i-rouble

švicarski franak
iSwiss franc

renmindbi yuan
i-renminbi yuan

rupija
i-rupee

automat za novac
umshini wokukhipha imali

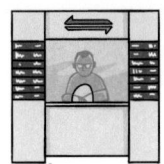

mjenjačnica

i-bureau de change

zlato

igolide

srebro

isiliva

nafta

amafutha

energija

amandla

cijena

inani lemali

ugovor

ukuxhumana

porez

intela

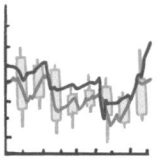

dionica

isitokwe

raditi

sebenza

službenik

isisebenzi

poslodavac

umqashi

tvornica

ifekthri

prodavaonica

esitolo

gospodarstvo - umnotho

zanimanja
imisebenzi

policajac
iphoyisa

vatrogasac
indoda ecisha umlilo

kuhar
pheka

liječnik
udokotela

pilot
umshayeli wezindiza

vrtlar
umuntu onakekela ingadi

stolar
umbazi

krojačica
umthungi

sudija
ijaji

kemičar
umuntu osebenza ekhemisi

glumac
umlingisi

vozač autobusa	vozač taksija	ribar
umshayeli webhasi	umshayeli wetekisi	indoda edoba izinhlanzi

čistačica	krovopokrivač	konobar
owesifazane ohlanzayo	umuntu olungisa uphahla	uweyita

lovac	slikar	pekar
umzingeli	umuntu opendayo	umbhaki

električar	građevinski radnik	inženjer
umuntu osebenza ngogesi	umakhi	unjiniyela

mesar	limar	poštar
indawo edayisa inyama	umuntu osebenza ngamapayipi	indoda yaseposini

zanimanja - imisebenzi

vojnik
isosha

arhitekta
umdwebi wezakhiwo

blagajnik
umbali wemali

cvjećar
umuntu otshala izimbali

frizer
umuntu owenza izinwele

kondukter
umqondisi wasesitimeleni

mehaničar
umakhenikha

kapetan
ukaputeni

zubar
udokotela wamazinyo

znanstvenik
usosayensi

rabi
urabi

imam
imam

monah
indela

svećenik
umfundisi

alati
amathuluzi

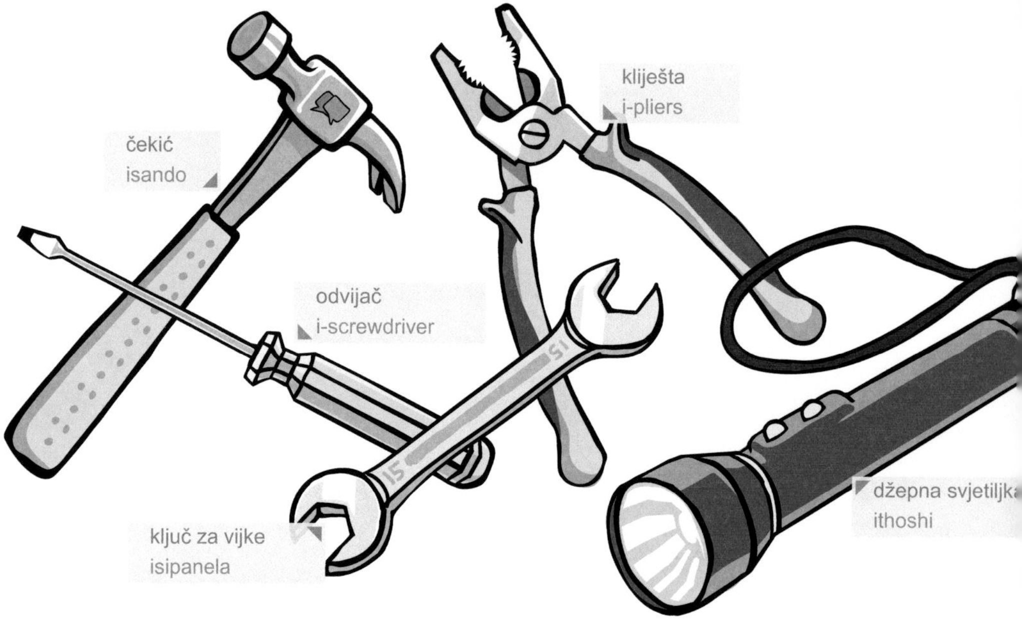

čekić
isando

kliješta
i-pliers

odvijač
i-screwdriver

džepna svjetiljka
ithoshi

ključ za vijke
isipanela

rovokopač
umshini wokumba

kutija za alat
ibhokisi lamathuluzi

ljestve
isitebhisi

pila
isaha

ekser
izinzipho

bušilica
i-drill

alati - amathuluzi

popraviti

lungisa

lopata

ifosholo

Sranje!

Damethi!

lopatica

idastipheni

lonac za boju

ithini likapende

vijci

i-screws

glazbeni instrument
izinsimbi zomculo

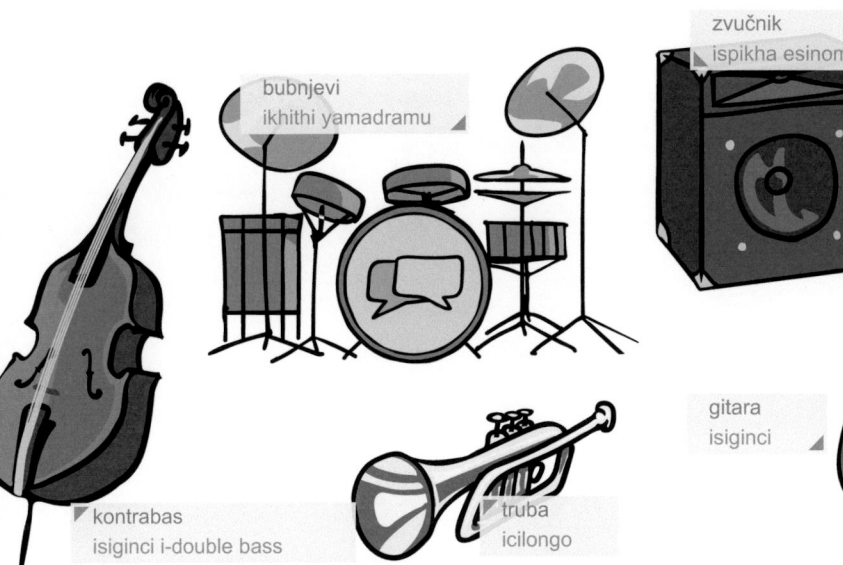

bubnjevi
ikhithi yamadramu

zvučnik
ispikha esinomsindo omkhulu

gitara
isiginci

kontrabas
isiginci i-double bass

truba
icilongo

klavir
ipiyano

violina
ivayolini

bas
i-bass

timpani
ithimpani

udaraljke za bubnjeve
amadramu

keyboard
i-keyboard

saksofon
i-saxophone

flauta
umtshingo

mikrofon
imakhrofoni

glazbeni instrument - izinsimbi zomculo

zoološki vrt
esiqiwini

ulaz / indawo yokungena
tigar / ingwe
kavez / ikheji
zebra / idube
hrana za životinje / ukudla kwezilwane
panda / iphanda

životinje
izilwane

slon
indlovu

kengur
ikhangaru

nosorog
ubhejane

gorila
igorila

medvjed
ibhele

kamila
ikamela

noj
intshe

lav
ingonyama

majmun
inkawu

flamingo
i-flamingo

papagaj
upholi

polarni medvjed
ibhele laseqhweni

pingvin
iphenguwini

ajkula
ushaka

paun
ipigogo

zmija
inyoka

krokodil
ingwenya

čuvar u zoološkom vrtu
umgcini wezilwane

tuljan
isilwane saseqhweni

jaguar
ijaguwa

poni
iponi

leopard
ingwe

nilski konj
imvubu

žirafa
indlulamithi

orao
ukhozi

divlja svinja
intibane

riba
inhlanzi

kornjača
ufudu

morž
i-walrus

lisica
ujakalase

gazela
inyamazane igazele

zoološki vrt - esiqiwini

šport
imidlalo

aktivnosti
imisebenzi

skočiti
gxuma

smijati se
hleka

zagrliti
haga

ići
hamba

pjevati
cula

sanjati
phupha

moliti se
thandaza

poljubiti
cabuza

pisati
bhala

crtati
dweba

pokazati
bonisa

gurati
phusha

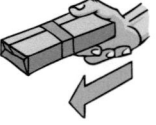
dati
nikeza

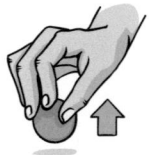
uzeti
thatha

aktivnosti - imisebenzi

imati
yiba

činiti
yenza

biti
yiba

stojati
sukuma

trčati
gijima

povlačiti
donsa

baciti
phonsa

padati
yiwa

ležati
amanga

čekati
linda

nositi
thwala

sjediti
hlala

oblačiti
gqoka

spavati
lala

probuditi se
vuka

aktivnosti - imisebenzi

gledati
bukela

plakati
khala

milovati
qhweba

češljati
kama

govoriti
khuluma

razumjeti
qonda

pitati
buza

slušati
lalela

piti
phuza

jesti
idla

pospremiti
coca

voljeti
thanda

kuhati
pheka

voziti
shayela

letjeti
ndiza

aktivnosti - imisebenzi

ploviti
hamba ngomkhumbi

računati
bala

čitati
funda

učiti
funda

raditi
sebenza

vjenčati se
shada

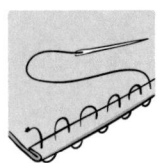
šiti
thunga

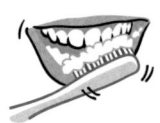
prati zube
geza amazinyo

ubiti
bulala

pušiti
bhema

poslati
thumela

aktivnosti - imisebenzi

obitelj
umndeni

baka — ugogo
beba — ingane
majka — umama
djed — umkhulu
otac — ubaba
kćerka — indodakazi
sin — indodana

gost
isivakashi

tetka
u-anti

ujak, stric
umalume

brat
umfowethu

sestra
udadewethu

tijelo
umzimba

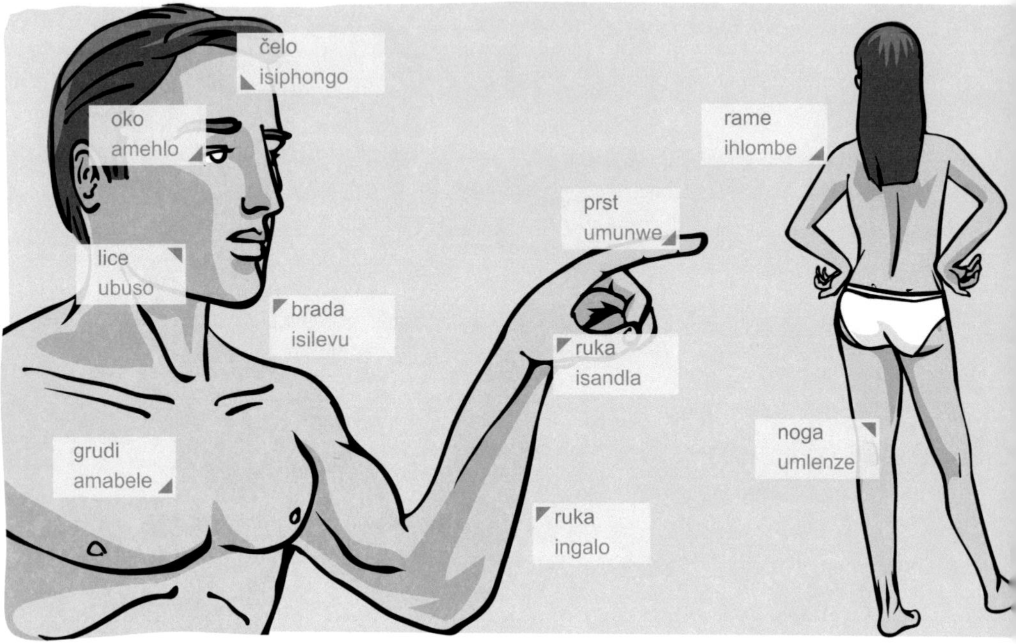

čelo
isiphongo

oko
amehlo

rame
ihlombe

prst
umunwe

lice
ubuso

brada
isilevu

ruka
isandla

grudi
amabele

noga
umlenze

ruka
ingalo

beba
ingane

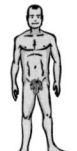

muškarac
indoda

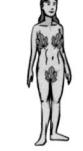

žena
owesifazane

djevojčica
intombazane

dječak
umfana

glava
ikhanda

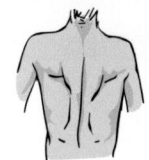
leđa
umhlane

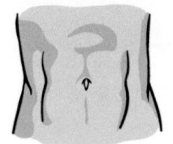
trbuh
isisu

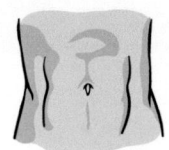
pupak
inkaba

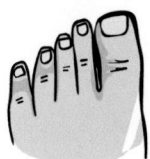
nožni prst
izinzwane

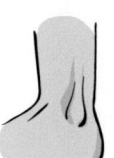
peta
isithende

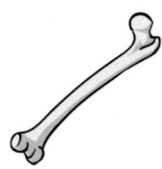
kost
ithambo

kuk
inqulu

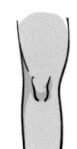
koljeno
idolo

lakat
indololwane

nos
ikhala

stražnjica
ingenzansi

koža
isikhumba

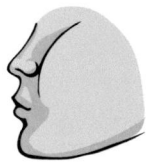
obraz
iziqhomo

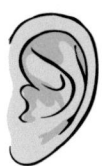
uho
indlebe

usna
udebe

tijelo - umzimba

usta
umlomo

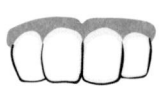

zub
amazinyo

jezik
ulimu

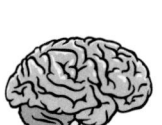

mozak
ingqondo

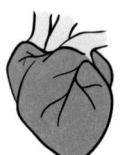

srce
inhliziyo

mišić
imasela

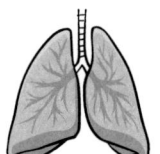

pluća
uphaphe

jetra
isibindi

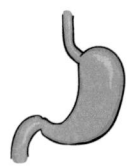

želudac
isisu

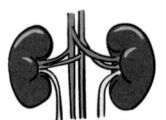

bubrezi
izinso

snošaj
ucansi

kondom
ikhondomu

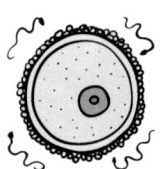

jajna stanica
iqanda

sperma
isidoda

trudnoća
ukukhulelwa

tijelo - umzimba

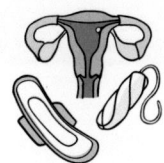 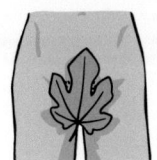 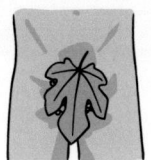

menstruacija	vagina	penis
ukuya esikhathini	imomozi	umthondo

  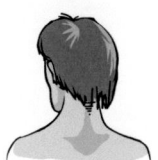

obrva	kosa	vrat
ishiya	izinwele	intamo

tijelo - umzimba

bolnica
isibhedlela

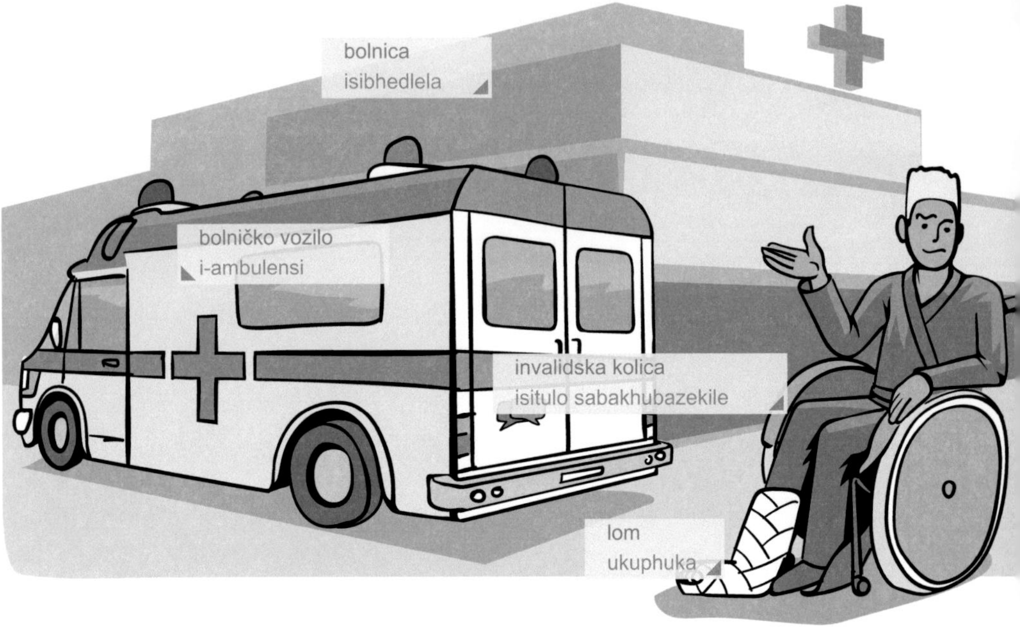

- bolnica / isibhedlela
- bolničko vozilo / i-ambulensi
- invalidska kolica / isitulo sabakhubazekile
- lom / ukuphuka

liječnik
udokotela

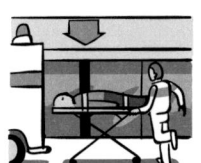

hitna medicinska služba
igumbi leziguli ezidinga ukwelashwa okuphuthumayo

medicinska sestra
umhlengikazi

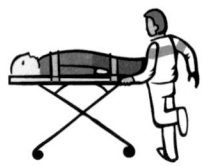

hitni slučaj
izimo eziphuthumayo

nesvijest
ukuquleka

bol
ubuhlungu

ozljeda
ukulimala

krvarenje
ukopha

srćani infarkt
isifo senhliziyo

moždani udar
ukushaywa unhlangothi

alergija
ukungazwani komzimba nezinto ezithile

kašalj
ukukhwehlela

groznica
imfiva

gripa
umkhuhlane

proljev
ukuhuda

glavobolja
ukuphathwa ikhanda

rak
umdlavuza

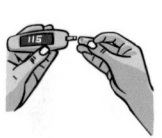

dijabetes
isifo sikashukela

kirurg
udokotela ohlinzayo

skalpel
isikalpheli

operacija
ukuhlinzwa

bolnica - isibhedlela

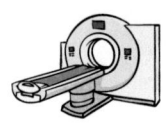	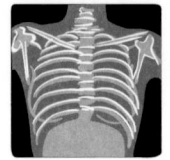	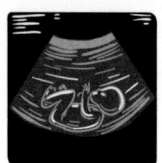
ct CT	rentgen i-x-ray	ultrazvuk i-ultrasound

maska imaskhi yasebusweni	bolest isifo	čekaonica igumbi lokulinda
	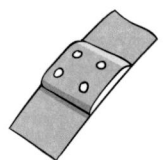	
štaka izinduko zokuhamba	flaster iplasta	zavoj ibhandishi
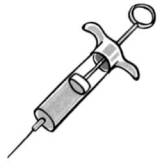	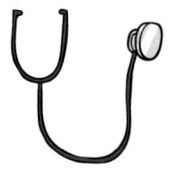	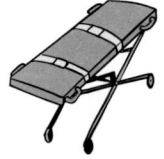
injekcija umjovo	stetoskop izipopolo zikadokotela	nosilo i-stretcher

termometar umshini okala izinga lokushisa	rođenje ukubeletha	prekomjerna težina ukukhuluphala ngokweqile

bolnica - isibhedlela

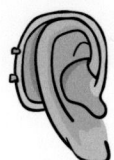
slušni aparat
insizwa yokuzwa

sredstvo za dezinfekciju
ukungatheleleki

infekcija
ukutheleleka

virus
ivariyasi

hiv / sida
HIV / AIDS

medicina
umuthi

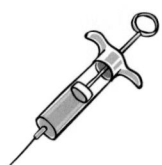
vakcinacija
umgomo

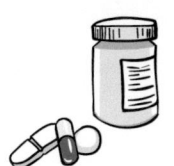
tablete
amaphilisi

pilula
amaphilisi

poziv u pomoć
ucingo oluphuthumayo

uređaj za mjerenje tlaka
umshini okala umfutho wegazi

bolesno / zdravo
ukugula / ukuba umqemane

bolnica - isibhedlela

hitni slučaj
izimo eziphuthumayo

pomoć!
Sizani!

alarm
i-alamu

nasrtaj
ukuhlasela

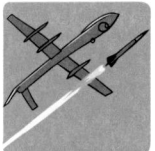

napad
ukuhlasela

opasnost
ingozi

izlaz za nuždu
indawo yokubalekela ngaphansi kwezimo eziphuthumayo

požar!
Umlimo!

vatrogasni aparat
isicimamlilo

nezgoda
ingozi

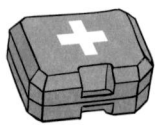

kofer prve pomoći
ikhithi yosizo lokuqala

sos
SOS

policija
amaphoyisa

zemlja
Umhlaba

Europa
Europe

sjeverna amerika
North America

južna amerika
South America

Afrika
Africa

Azija
Asia

Australija
Australia

Atlantik
Atlantic

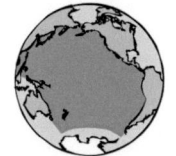

Pacifik
Pacific

ocean
Indian Ocean

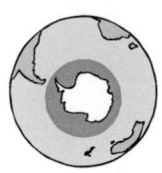

antarktički ocean
Antarctic Ocean

arktički ocean
Arctic Ocean

sjeverni pol
North Pole

južni pol	Antarktik	zemlja
South Pole	Antarctica	Umhlaba

  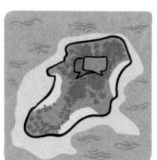

zemlja	more	otok
umhlaba	izilwandle	isiqhingi

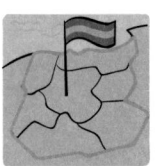 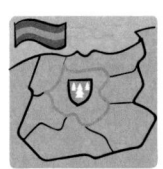

nacija	država
izwe	inhlangano engokomthetho

sat
iwashi

brojčanik sata

ubuso bewashi

satna kazaljka

isandla sehora

minutna kazaljka

isandla semizuzu

sekundna kazaljka

isandla sesibili

Koliko je sati?

Ubani isikhathi?

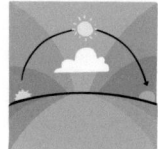

dan

usuku

vrijeme

isikhathi

sada

manje

digitalni sat

iwashi lezibalo

minuta

umzuzu

sat

ihora

tjedan
iviki

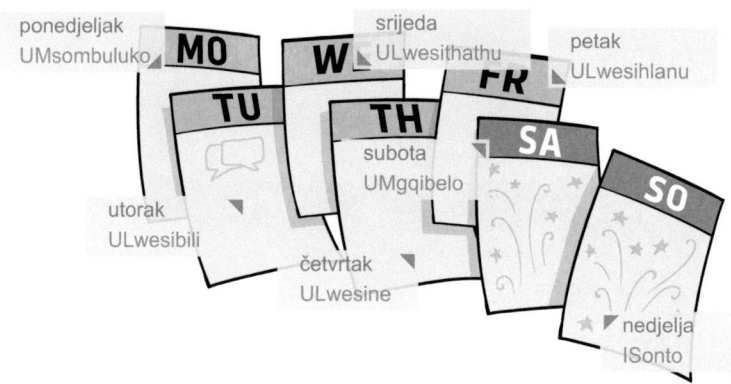

ponedjeljak
UMsombuluko

utorak
ULwesibili

srijeda
ULwesithathu

četvrtak
ULwesine

petak
ULwesihlanu

subota
UMgqibelo

nedjelja
ISonto

jučer

izolo

danas

namhlanje

sutra

kusasa

jutro

ekuseni

podne

emini

večer

ntambama

MO	TU	WE	TH	FR	SA	SU
1	2	3	4	5	6	7
8	9	10	11	12	13	14
15	16	17	18	19	20	21
22	23	24	25	26	27	28
29	30	31	1	2	3	4

radni dani

izinsuku zeviki

MO	TU	WE	TH	FR	SA	SU
1	2	3	4	5	6	7
8	9	10	11	12	13	14
15	16	17	18	19	20	21
22	23	24	25	26	27	28
29	30	31	1	2	3	4

vikend

impelasonto

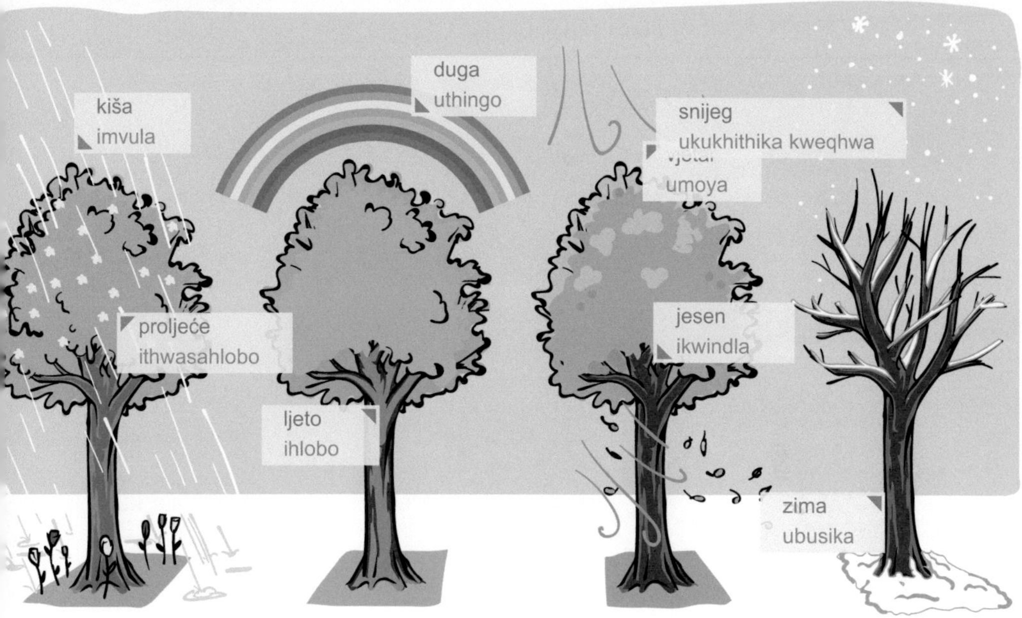

godina
unyaka

- kiša / imvula
- duga / uthingo
- snijeg / ukukhithika kweqhwa
- vjetar / umoya
- proljeće / ithwasahlobo
- ljeto / ihlobo
- jesen / ikwindla
- zima / ubusika

meteorološka prognoza
isimo sezulu

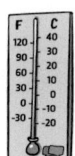

termometar
umshini wezinga lokushisa

sunčana svjetlost
ukushisa kwelanga

oblak
amafu

magla
inkungu

vlažnost zraka
umswakama

godina - unyaka

munja

ummbani

grmljavina

ukuduma kwezulu

oluja

isiphepho

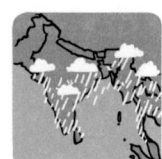

tuča

isichotho

monsun

imvula enkulu

poplava

izikhukhula

led

iqhwa

siječanj

UMasingana

veljača

UNhlolanja

ožujak

UNdasa

travanj

UMbasa

svibanj

UNhlaba

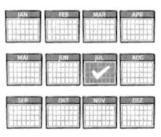

lipanj

UNhlangulana

srpanj

UNtulikazi

kolovoz

UNcwaba

godina - unyaka

rujan
UMandulo

listopad
UMfumfu

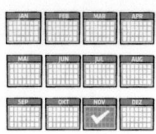
studeni
ULwezi

prosinac
UZibandlela

oblici
amasheyphu

krug
indilinga

kvadrat
isikwele

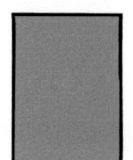
pravokutnik
unxande

trokut
unxantathu

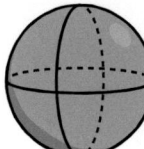
kugla
i-sphere

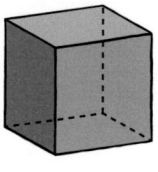
kocka
i-cube

boje
imibala

bijela
kumhlophe

žuta
kuphuzi

narančasta
ku-olenji

ružičasta
kuphinki

crvena
kumbomvu

ljubičasta
kuphephuli

plava
kuluhlaza okwesibhakabhaka

zelena
kuluhlaza

smeđa
kubhrawuni

siva
kuphashile

crna
kumnyama

suprotnosti
izinto ezingafani

mnogo / malo
kakhulu / kancane

ljutito / mirno
ukucasuka / ubumnene

lijepo / ružno
ubuhle / ububi

početak / kraj
isiqalo / isiphetho

veliko / maleno
kukhulu / kuncane

svijetlo / tamno
kuyakhanya / kumnyama

brat / sestra
umfowethu / udadewethu

čisto / prljavo
ukuhlanzeka / ukungcola

potpuno / nepotpuno
ukuphelela / ukungapheleli

dan / noć
imini / ubusuku

mrtvo / živo
ukufa / ukuphila

široko / usko
ukuvuleka / ukunyinyeka

jestivo / nejestivo

okudliwayo / okungadliwa

zlo / dobro

ukukhohlakala / umusa

uzbuđeno / dosadno

ukujabula / isithukuthezi

debelo / mršavo

ukunona / ukuzaca

na početku / na kraju

ukuqala / ukugcina

prijatelj / neprijatelj

umngane / isitha

puno / prazno

ukugcwala / ukuphela

tvrdo / mekano

ubunzima / ukuthamba

teško / lagano

ukusinda / ukubalula

glad / žeđ

ukulamba / ukoma

bolesno / zdravo

ukugula / ukuba umqemane

ilegalno / legalno

ngokomthetho / okungekho emthethweni

pametno / glupo

ukuhlakanipha / isiphukuphuku

lijevo / desno

isinxele / esokudla

blizu / daleko

eduze / kude

suprotnosti - izinto ezingafani

novo / rabljeno
kusha / sekusebenzile

ništa / nešto
utho / okuthile

staro / mlado
okudala / okusha

uključeno / isključeno
vuliwe / kucishiwe

otvoreno / zatvoreno
vula / vala

tiho / glasno
kuthulekile / kunomsindo

bogato / siromašno
ukuceba / ubumpofu

točno / pogrešno
kulungile / akulungile

hrapavo / glatko
kugadlazekile / kuyashelela

tužno / sretno
dabuka / jabula

kratko / dugo
kufishane / kude

polako / brzo
kuyanensa / kuyashesha

mokro / suho
ukuba manzi / ukoma

toplo / hladno
ukufudumala / ukuphola

rat / mir
ukulwa / ukuthula

suprotnosti - izinto ezingafani

brojevi
izinombolo

0
nula
uziro

1
jedan
kunye

2
dva
kubili

3
tri
kuthathu

4
četiri
kune

5
pet
kuhlanu

6
šest
isithupha

7
sedam
isikhombisa

8
osam
isishiyagalombili

9
devet
isishiyagalolunye

10
deset
ishumi

11
jedanaest
ishumi nanye

12
dvanaest
ishumi nambili

13
trinaest
ishumi nantathu

14
četrnaest
ishumi nane

15
petnaest
ishumi nanhlanu

16
šestnaest
ishumi nesithupha

17
sedamnaest
ishumi nesikhombisa

18
osamnaest
ishumi nesishiyagalombili

19
devetnaest
ishumi nesishiyagalolunye

20
dvadeset
amashumi amabili

100
stotinu
ikhulu

1.000
tisuću
inkulungwane

1.000.000
milijun
izigidi

brojevi - izinombolo

jezici
izilimi

engleski	američko engleski	kinesko mandarinski
isiNgisi	isiNgisi saseMelika	isiMandarin saseShayina

 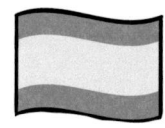 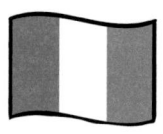

hindi	španjolski	francuski
isiHindi	iSpanishi	isiFulentshi

 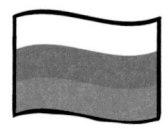 

arapski	ruski	portugalski
isi-Arabhu	isiRashiya	isiPutukezi

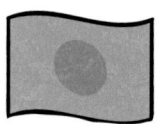  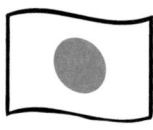

bengalski	njemački	japanski
isiBengali	isiJalimane	isiJapane

tko / što / kako
ubani / ini / kanjani

ja
Mina

ti
wena

on / ona / ono
u / u / ku

mi
thina

vi
nina

oni
bona

tko?
ubani?

što?
ini?

kako?
kanjani?

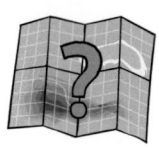
gdje?
kuphi?

kada?
nini?

ime
igama

gdje
kuphi

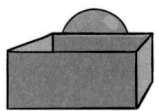

iza
ngemuva

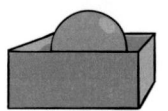

u
ngaphakathi

ispred
phambi kwe

preko
phezulu

na
ngaphezulu

ispod
ngaphansi

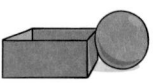

pored
eceleni

između
phakathi

mjesto
indawo